사회는 쉽다!

★초등학교 교과서와 함께 봐요!

사회 3-2 3. 가족의 모습과 역할 변화
　　　　　　 3. 가족의 형태와 역할 변화(교학사)
사회 4-2 3. 사회 변화와 문화 다양성
　　　　　　 3. 사회의 변화와 문화의 다양성(교학사)
사회 5-1 2. 인권 존중과 정의로운 사회

성 역할과 성 평등

사회는 쉽다!

신혜진 글 · 홍지혜 그림

비룡소

차례

1 남자 같은 여자아이, 여자 같은 남자아이
성 역할에 대한 고정 관념

거꾸로 뒤집어 본 세상 · 8 남자와 여자, 뭐가 달라? · 16
처음부터 남녀의 일이 달랐을까? · 18 남자가 더 중요한 사람이 된 이유 · 20
고정 관념이 왜 나빠? · 22 시대에 따라 변하는 성 역할 · 24
우리 곁의 고정 관념 · 26

더 알아보기 생물학적 성과 사회적 성 · 28
알쏭달쏭 낱말 사전 · 30 도전! 퀴즈 왕 · 32

2 그러면 왜 안 되는 건데? 성 역할 고정 관념에서 벗어나기

성 역할 고정 관념은 이제 그만! · 34 고백받는 남자, 고백하는 여자 · 36
발레 하는 남자, 축구 하는 여자 · 38 국어를 잘하는 남자, 수학을 잘하는 여자 · 40
집안일은 누구의 몫일까? · 42 여자는 태어나는 것이 아니라 만들어지는 것 · 44

더 알아보기 남녀를 바라보는 눈, 언제 어디서나 똑같을까? · 46
알쏭달쏭 낱말 사전 · 48 도전! 퀴즈 왕 · 50

3 고정 관념은 이렇게나 위험해 역사 속의 성차별

이 용감한 여자가 마녀라고? · 52 여자는 보호받아야 할 존재가 아니야! · 54
여자의 발은 작아야 한다? · 56 차이를 인정하지 않으면 불행해! · 58

더 알아보기 여성의 삶을 변화시킨 사건들 · 60
알쏭달쏭 낱말 사전 · 64 도전! 퀴즈 왕 · 66

4 남자와 여자는 다르지만 평등해 성 평등을 위하여

아들딸 구별하지 말자! · 68 왜 똑같이 일하는데 적게 버나요? · 70
육아하는 아빠, 출근하는 엄마 · 72 생각과 제도를 함께 바꿔야 해! · 74
차이를 인정할 때 평등해져! · 76

더 알아보기 평등도 잴 수 있나요? · 78
알쏭달쏭 낱말 사전 · 80 도전! 퀴즈 왕 · 82

5 나는 나다운 사람이 될 거야! 바람직한 정체성 만들기

깎아내려서 좋아질 게 뭐야? · 84 라이벌이 아니라 함께 살아가야 할 짝꿍 · 86
'남자답다, 여자답다'에 갇힐 필요는 없어! · 88 내가 내가 되는 꿈 · 90
모든 사람은 행복할 권리가 있어! · 92

더 알아보기 고정 관념과 편견을 깬 사람들 · 94
알쏭달쏭 낱말 사전 · 96 도전! 퀴즈 왕 · 98

①
남자 같은 여자아이, 여자 같은 남자아이

성 역할에 대한 고정 관념

거꾸로 뒤집어 본 세상

　민국이네 집은 어째 뭔가 좀 다른 것 같다고? 그야 그럴 수밖에. 이 이야기는 지금 우리가 살고 있는 세상을 살짝 뒤집어 본 거거든.

　혹시 이런 생각해 본 적 없니? 남자답다는 건 뭐고, 여자답다는 건 뭘까? 똑같은 사람인데, 왜 남자라면 이래야 하고 여자라면 저래야 한다고 생각할까? 곰곰 생각해 보면 너도 한 번쯤은 이상하다고 느낀 적이 있을 거야. 이런 기준은 도대체 누가, 언제, 어떻게 정한 걸까?

남자와 여자, 뭐가 달라?

우선 남자와 여자가 어떻게 다른지부터 살펴보자. 도대체 뭐가 다르길래 남자와 여자를 바라보는 시선에 차이가 나는 걸까?

일단은 태어날 때부터 정해진 신체적 차이가 가장 커. 남자의 몸과 여자의 몸은 다르게 생겼거든. 우리는 이 신체적 차이를 보고 남자 여자를 구별하는데, 이걸 **성별**이라고 해.

어렸을 때는 성기 모양만 다를 뿐 남자와 여자 사이의 신체적 차이가 크게 두드러지지 않아. 그러다가 청소년기부터 그 차이가 뚜렷해지기 시작하는데, 이걸 **이차 성징**이라고 불러. 이차 성징이 시작되면 남자는 어깨가 넓어지고 근육이 발달해. 수염이 나고 목소리도 변하지. 여자는 가슴이 봉긋해지고 엉덩이가 커져.

이차 성징은 누구나 겪는 자연스러운 일이고, 어른이 되어 간다는 자랑스러운 증거야.

처음부터 남녀의 일이 달랐을까?

그런데 신체적인 차이가 있다고 해서 남녀가 하는 일까지 달라야 할까? 남자는 힘쓰는 일, 여자는 집안일을 한다는 식으로 말이야. 이처럼 한 사회 안에서 성별에 따라 다르게 주어지는 일을 **성 역할**이라고 해.

대체 이런 성 역할은 언제부터 생겼을까? 이걸 알아보려면 선사 시대를 살펴봐야 해. 선사 시대란 문자가 만들어지기 이전의 시대를 말해. 유물이나 유적을 보고 당시의 생활을 짐작하지. 그 시절에는 사냥 또는 채집, 그러니까 동물을 잡아먹거나 식물의 열매, 뿌리를 모아서 먹고 살았어. 대부분 스무 명 내외의 작은 가족이 무리를 이루어 살았고, 남녀의 숫자도 비슷했지.

여자도 사냥에 참여했다고!

　몇십 년 전만 해도 역사학자들은 남자는 사냥, 여자는 채집과 양육을 맡았다고 생각했어. 남자가 사냥을 했을 거라 단정하고 의심할 생각조차 안 했기 때문에, 아주 옛날부터 성 역할이 정해져 있었다는 결론을 내린 거지.

　하지만 성 역할에 대한 편견에서 벗어나 유물과 유적을 해석하는 요즘에는 새로운 연구 결과가 나오고 있어. 남녀는 평등하게 사냥과 채집을 했고, 남자들도 아이를 키우는 데 큰 역할을 했다고 해. 남자와 여자의 일이 다르지 않았던 거지.

남자가 더 중요한 사람이 된 이유

사람들이 점점 농사를 짓고 한곳에 정착해서 살면서 변화가 생겼어. 농업이 발달하면서 사람마다 수확하는 농작물의 양이 달라졌고, 농작물을 많이 수확한 사람이 더 많은 재산과 더 큰 권력을 갖게 되었어. 이렇게 부자와 가난한 사람, 신분이 높은 사람과 낮은 사람의 구분이 있는 **계급 사회**가 시작되었지.

계급 사회가 되면서 성 역할의 구분도 뚜렷해지기 시작했어. 사람들은 땅을 지키고 넓히기 위해 집단의 크기를 불리고 힘을 키워야 했는데, 그럴 때 가장 효과적인 방법이 뭘 것 같아? 맞아! 자식을 많이 낳는 거야.

남자들은 여러 명의 아내를 맞이했고, 여자들은 임신과 출산, 육아를 반복했어. 그래서 여자들은 예전만큼 농사일이나 전쟁 등에 적극적으로 참여하기 어려워졌고, 앞에 나서서 땅을 지키는 남자들이 집단에서 더 중요한 역할을 차지하게 되었지. 이렇게 남녀의 성 역할이 굳어졌고, 남녀 사이의 차별이 생겨났어.

시간이 흐르면서 계급과 성차별은 더욱 단단해졌어. 종교가 중심이 되면서 성직자로부터 통치의 권리를 인정받은 왕이 지배자가 되고, 지배받는 사람들은 귀족, 평민 등으로 나뉘었지. 또 여자는 남자보다 뒤처지고 남자의 보호를 받아야 하는 존재로 여겨졌어.

고정 관념이 왜 나빠?

  고정 관념이란 사람들의 생각이나 행동을 결정하는, 잘 변하지 않는 굳은 사고방식을 말해. 고정 관념은 무엇에 관한 것이든 바람직하지 않아. 고정 관념에 빠지면, 얼마든지 다르게 생각할 수 있는데 오직 한 가지 방법밖에 떠오르지 않거든.

  집에서 학교까지 가는 길을 떠올려 봐. 안전한 길, 빠른 길, 군것질거리가 많은 길, 예쁜 꽃을 볼 수 있는 길 등등 여러 가지 길이 있을 거야. 그런데 처음 갔던 길만 고집한다면 어떨까? 다른 길은 전혀 알 수가 없겠지? 이렇게 더 좋은 길은 뭐가 있나 알아볼 생각조차 못 하도록 가로막는 게 바로 고정 관념이야.

그럼 성 역할 고정 관념에는 어떤 것들이 있을까? '힘든 일은 남자가 해야 해.', '집안일은 여자가 해야 해.' 같은 생각이 있을 거야. 이런 성 역할 고정 관념은 성차별로 이어질 수 있기 때문에 더 무서워. 오로지 성별 때문에 차별하는 것, 그게 바로 **성차별**이야.

남동생이랑 같이 설거지를 하다가 그릇을 깼는데, 단지 여자라는 이유로 너만 혼났다고 생각해 봐. 엄청 억울하겠지? 차별이란 그런 거야. 내가 원해서 남자나 여자로 태어난 것도 아닌데 오직 남자 또는 여자라는 이유로 차별을 받는다니, 정말 말도 안 되는 일이지 않아?

시대에 따라 변하는 성 역할

사실 우리나라는 조선 중기 이전까지만 해도 남녀가 비교적 평등했어. 비록 여자가 관직에는 오르지 못했지만, 여자 집에서 혼인하고, 혼인 뒤에 계속 여자 집에 살기도 했지. 아들딸 구분 없이 제사를 번갈아 지내고, 유산을 골고루 나누어 받았다고 해.

남녀 사이에 차별이 생기고, **남존여비** 사상이 심해진 것은 조선 중기 이후부터야. '남존여비'가 뭐냐고? '남자는 지위가 높고 귀하며, 여자는 지위가 낮고 천하다.'는 뜻이야. 쉽게 말해 '남자는 하늘, 여자는 땅'이라는 말이지. '암탉이 울면 집안이 망한다.' 같은 속담을 보면 조선 시대에 여자들이 얼마나 차별을 받고 살았는지 짐작이 가.

이쯤 되면 궁금해질 거야. 도대체 조선 시대 중기 이후에 무슨 일이 있었길래 남녀 차별이 심해진 걸까? 사람들의 삶에는 그 사회의 **제도**와 **종교**가 영향을 많이 끼쳐. 그런데 조선은 정치든 종교든 유교가 중심이 된 나라였어. 사람이 마땅히 지켜야 할 도리를 중시한 유교는 나라를 다스리는 데는 효과적이었는지 몰라도, 남자를 더 우선시했기 때문에 남녀 사이에 많은 차별을 만들었어. 혼인 풍속과 제사, 유산 문제 등이 모두 남자 중심으로 바뀌게 되었지.

우리 곁의 고정 관념

선사 시대와 조선 시대, 그리고 지금의 성 역할 차이를 알겠지? 이처럼 성 역할이 시대에 따라 변하는 이유는 뭘까?

성 역할에는 그 시대나 사회의 문화가 듬뿍 반영되어 있어. 농경 사회에서는 농사지을 땅을 지키는 남자들의 목소리가 커지고, 조선 시대에는 유교의 영향으로 남녀 사이의 차별이 심해진 것처럼 말이야. 그러니까 각 시대의 사회적 분위기에 따라 성 역할도 달라지는 게 자연스럽다는 말씀!

하지만 사회가 바뀌어 성 역할이 변화했다고 해도, 사람들의 머릿속에 박혔던 이전 시대의 성 역할 고정 관념은 쉽게 사라지지 않아. 조선 시대가 끝난 지 한참 되었는데도 여전히 남자는 바깥일, 여자는 집안일에 어울린다는 생각이 남아 있는 것을 보면 잘 알 수 있지.

사람이라면 누구나 남자와 여자라는 성별에 상관없이 자신이 하고 싶은 것을 자유롭게 할 수 있어야 해. 다른 사람이 뭐라고 하든 자신이 진짜로 원하는 것을 드러낼 수 있어야 하지. 너도 그런 세상에서 살고 싶지? 그런 세상을 만들기 위해서는 어떻게 해야 할까?

> 더 알아보기

생물학적 성과 사회적 성

오스트리아의 심리학자 프로이트는 이렇게 말했어.

"사람은 누구나 양성성, 즉 남성성과 여성성을 동시에 가지고 태어난다. 남자라고 해서 남성성만, 여자라고 해서 여성성만 가지고 태어나는 것이 아니라 성장하는 과정에서 둘을 함께 키우게 된다."

프로이트에 따르면, 사람은 여성적 특성과 남성적 특성을 모두 가지고 태어나는데 크면서 어느 한 특성이 강해진다고 해.

뭐? 너무 어렵다고? 자, 찬찬히 설명할 테니 잘 들어 봐. 지금까지 했던 얘기와 별로 다르지 않으니까 말이야.

몸을 보고 남자인지 여자인지 알아요

사람은 태어날 때부터 성별을 지녀. 엄마가 아이를 낳으면 의사 선생님이 이렇게 말씀하시지. "여자아이입니다." 또는 "남자아이예요."라고 말이야.
태어날 때부터 구별할 수 있는 이런 성별을 '생물학적 성'이라고 해. 우리 몸을 보고 구분할 수 있기 때문에 그렇게 부르는 거야. 영어로는 섹스(sex)라고 하지. 어허! 이런 단어 나올 때 웃는 건 촌스러운 거야! 영어 사전에서 섹스를 찾으면 처음부터 가지고 태어난 성별이라는 뜻이 가장 먼저 나와.

사람은 여성성과 남성성을 모두 가지고 태어나.

성장하면서 조금씩 갖춰 가요

생물학적인 성은 태어날 때 정해지지만, 성격이나 태도 같은 건 그렇지 않아. 사회에서 사람들과 어울리는 동안 만들어지는 성별을 '사회적 성'이라고 해. 영어로는 젠더(gender)라고 하지.
젠더는 그 사람의 타고난 생물학적 성별과 관계없이 성격이나 태도, 감성 같은 심리적이고 문화적인 것으로 판단해. 젠더 측면에서 보면 여성적 특성, 남성적 특성만 있을 뿐 고정된 성별로서의 남자와 여자는 없는 거야.

성장하면서 원래 가지고 있던 남성성과 여성성이 변화해 사회적 성이 만들어지지.

⭐ 알쏭달쏭 낱말 사전

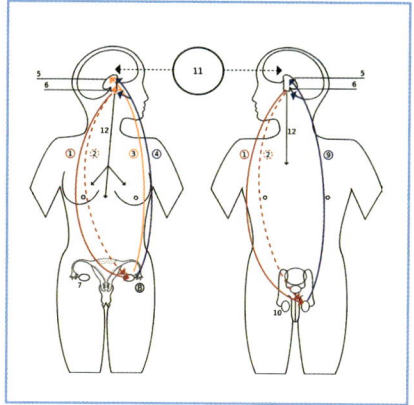

청소년기 무렵 생식 기관에서 성호르몬이 분비되기 시작하면서 몸의 변화가 시작돼요.

이차 성징

청소년기에 성호르몬이 활발하게 나오기 시작하면서 신체적인 특징이 변하는 것을 말해요. 보통 남자는 11세에서 14세 즈음, 여자는 10세부터 12세 즈음 시작해서 18세 즈음 거의 끝나는데, 그 시기는 사람마다 달라요. 생식 기관이 발달하고, 몸에 털이 나거나 여드름이 나기도 하며 여자아이는 이 무렵에 처음 월경을 시작해요. 이때는 몸의 변화뿐만 아니라 정서적·심리적으로도 변화가 일어나 혼란을 겪기도 하지요.

성 역할

성 역할이란 '사회적으로 남성과 여성에게 적절하다고 생각되는 역할이나 행동, 특성'이라고 정의돼요. 시대와 문화에 따라 성 역할은 달라져 왔지만, 다양한 문화권에서 공통점이 발견되기도 하지요. 예를 들어 어느 나라든 집안을, 또는 나라를 이끄는 것은 주로 남자들이었어요. 지금도 각 나라의 정상이나 국회 의원의 비율을 보면 여자보다 남자가 훨씬 많다는 걸 알 수 있어요.

고정된 성 역할에서 벗어나 원하는 일, 할 수 있는 일을 찾는 게 중요해요.

남존여비

하늘은 높고 땅은 낮다는 자연의 이치를 남녀 관계에 적용한 단어로, 여자보다 남자의 사회적 지위와 권리를 더 존중하는 남성 중심 사회에서 이런 생각이 많이 나타나요. 조선 시대에는 남존여비 사상에 따라 여성은 관직에 진출할 수 없었고, 여자보다 남자가 이혼을 요구하기 쉬운 등 다양한 불평등이 있었어요. 현대에 들어 성 평등 사상이 널리 퍼지면서 남존여비는 점차 사라지고 있어요.

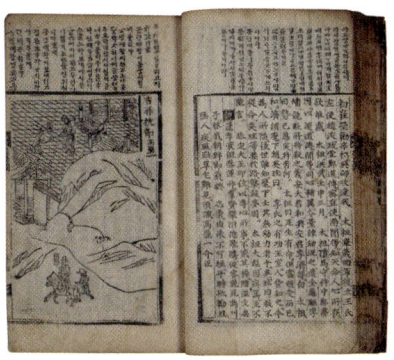

조선 시대에 펴낸 『삼강행실도』에는 아내는 남편에게 헌신해야 하고, 남편이 죽으면 따라 죽어야 한다는 여성 차별적인 내용이 많이 실려 있어요.

계급 사회

계급 사회는 개인이 소유하는 재산이 생기고, 신분의 높고 낮음이 나타나는 사회예요. 선사 시대는 모두가 함께 일하고, 일해서 생긴 먹을거리와 물건을 함께 나눠 갖는 평등한 사회였어요. 하지만 농업이 발전하면서 무리 내에서 많은 농작물을 수확한 사람이 힘을 가지게 되었지요. 이렇게 계급 사회가 형성되기 시작했어요.

고인돌은 청동기 시대 지배층의 무덤으로 추정돼요. 계급 사회를 보여 주는 대표적인 유물이지요.

도전! 퀴즈 왕

다음 내용을 잘 읽고 빈칸에 알맞은 단어를 써 보세요.

1. _____ 은 청소년기 무렵 남자와 여자의 신체적 차이가 뚜렷해지는 것을 말해요. 이때가 되면 남자는 어깨가 넓어지고, 근육이 발달해요. 여자는 가슴이 봉긋해지고 엉덩이가 커져요.

2. _____ 은 사회적으로 남성과 여성에게 적절하다고 생각되는 역할이나 행동, 특성을 뜻해요.

3. _____ 은 사람들의 생각이나 행동을 결정하는, 잘 변하지 않는 굳은 사고 방식이에요.

4. _____ 에는 '힘든 일은 남자가 해야 해.', '집안일은 여자가 해야 해.' 같은 것들이 있어요.

5. 사람들의 삶에 가장 큰 영향을 끼치는 건 그 사회의 _____ 와 _____ 예요.

정답 1. 이차 성징 2. 성 역할 3. 고정 관념 4. 성 역할 고정 관념 5. 제도, 문화

②
그러면 왜
안 되는 건데?
성 역할 고정 관념에서 벗어나기

성 역할 고정 관념은 이제 그만!

사회는 날마다 달라지고 있는데, 여전히 과거의 성 역할에 매여 있다면 어떨까? 수백 년 전의 성 역할이 오늘날 나의 직업과 성격과 취미를 결정한다면?

놀랍게도 우리는 아직까지 오래된 성 역할 고정 관념에 많이 사로잡혀 있어. 성 역할 고정 관념은 아주 자연스럽게 우리에게 스며들어 있어서 눈치채기도, 바꾸기도 쉽지가 않거든.

잘못된 성 역할 고정 관념이나 성차별이 남아 있는 한, 남자와 여자 모두 행복해지기 어려워. 남자와 여자를 바라보는 그릇

된 생각이 점점 굳어져서 차별을 없애기 어려워지거든. 게다가 스스로 선택할 수 없는 성별 때문에 불평등한 대접을 받을 수도 있어. 또 성 역할 고정 관념에 맞추기 위해 자신이 원하지 않는 모습으로 세상을 살아가야 할 수도 있지.

우선 성 역할 고정 관념이 우리 주변에 얼마나 많이 있는지 구석구석 살펴보자! 어쩌면 네 안에서 너도 모르게 쑥쑥 자라나 버린 고정 관념을 마주칠지도 모르니까 두 눈 크게 떠!

고백받는 남자, 고백하는 여자

너 혹시 좋아하는 이성 친구가 있니? 오, 벌써 고백까지 했다고? 훌륭한걸! "나는 네가 좋아." 하고 말을 해야 상대방도 네 마음을 알 수 있거든.

그런데 아직까지 고백은 남자가 해야 멋있고, 여자가 먼저 하는 건 별로라고 생각하는 사람들이 있어. 여자가 먼저 고백하면 자존심이 상한다고 생각하기도 하지. 혹시 너도 그렇게 생각해?

남자를 벌이나 나비, 여자를 꽃에 비유하는 말도 있는데 이런 말은 이제 사라져야 하지 않을까? 여자도 얼마든지 먼저 고백할 수 있지. 꽃처럼 가만히 벌과 나비가 찾아오기만을 기다린다면 그게 오히려 자존심 상하지 않겠어?

어때? 아직도 여자는 속마음을 쉽게 표현하면 안 된다고 생각해? 남자는 용감하고 적극적이어야 하고? 정말?

발레 하는 남자, 축구 하는 여자

'축구'나 '야구' 하면 퍼뜩 떠오르는 선수가 남자니, 여자니?

아마 대부분 남자라고 대답할걸? 유명한 축구 선수들은 대부분 남자잖아. 여자 축구 선수도 있긴 하지만 덜 알려져 있지.

여자 야구는 어때? 여자가 야구 한다는 말은 낯설다고? 그럴 수도 있겠다. 야구 경기 보는 걸 좋아하는 여자는 많아도 야구를 하는 여자는 엄청 드무니까.

왜 축구나 야구를 하는 여자는 보기 어려울까? 어렸을 때부터 "여자가 무슨 축구야.", "야구는 남자들이 하는 운동이지."라는 이야기를 들으며 자랐기 때문은 아닐까?

그 반대도 마찬가지야. 발레를 좋아하는 남자는 거리낌 없이 "발레를 하고 싶어요."라고 말하기 어려워. 발레는 여자가 좋아하는 일, 여자에게 어울리는 일이라고 생각하기 때문이지.

넌 어때? 성별 때문에 좋아하는 일, 관심 있는 일을 못 해도 괜찮아? 여자는 아름답고 우아한 일에만 어울리고, 남자는 활농적인 일에만 어울리니까? 정말 그렇게 생각해?

국어를 잘하는 남자, 수학을 잘하는 여자

혹시 남자는 수학을 잘하고 여자는 국어를 잘한다는 말 들어 본 적 있니? 남자는 계산을 잘하고 논리적인 반면, 여자는 말을 잘하고 글을 잘 쓴다는 뜻이지.

성별에 따라 잘하는 것이 결정된다는 고정 관념은 의외로 널리 퍼져 있어. '남자는 여자보다 운전을 잘한다.', '여자는 남자보다 요리를 잘한다.'는 생각도 그런 고정 관념 중 하나야. 너도 누가 운전하다가 느릿느릿 움직이는 앞차를 보고 이런 말을 하는 걸 들은 적 있지 않니?

"아휴, 누구야. 보나마나 여자겠지."

세계 최초의 프로그래머는 바로 나, 에이다 러브레이스야.

그런데 정말 성별에 따라서 잘하는 일이 결정되는 걸까?

주변을 둘러봐. 여자 중에도 계산을 잘하고 논리적인 사람은 얼마든지 있어. 심지어 최초의 컴퓨터 프로그래머는 19세기에 활동한 에이다 러브레이스라는 여성이야. 남자 요리사가 얼마나 많은지는 너도 잘 알고 있지? 최근 텔레비전에 남자 요리사가 무척 많이 나오니까 말이야. 남자 중에 말 잘하고 글 잘 쓰는 사람도 셀 수 없이 많아.

집안일은 누구의 몫일까?

　성 역할 고정 관념 중에서 가장 오래되고, 일상생활과 가장 가까운 게 뭘까? 바로 집안일이야.

　밥하고 설거지하고 청소하고 빨래하고……. 아휴, 집안일이 얼마나 힘든지는 잘 알고 있지? 맛있는 밥을 먹고, 깨끗한 집에서 생활하고, 단정하게 옷을 입기 위해 해야 하는 집안일은 그야말로 어마어마해. 그래서 이런 말이 있잖아. "집안일은 해도 해도 끝이 없다."고.

　그런데 잘 생각해 봐. 아빠는 밖에서 일하고 엄마가 가정주부 일을 할 때는 물론이고, 두 분 모두 밖에서 일을 해도 집안일은 엄마가 하는 경우가 더 많을 거야.

　넌 아마 이렇게 말할 수도 있어. "아니에요, 우리 아빠가 집안일을 얼마나 많이 도와주시는데요!"

　그런데 말이야, '도와준다'는 말에는 집안일이 당연히 엄마의 몫이라는 의미가 들어 있어. 아빠는 엄마의 일을 나눠서 해 주는 것뿐이지.

하루 종일 아이들을 돌보며 집안일을 한 엄마가 밤늦게까지 주방에서 설거지를 하는데, 아빠는 텔레비전만 보고 잠만 잔다면 그건 뭔가 좀 잘못된 것 아닐까?

여자는 태어나는 것이 아니라 만들어지는 것

20세기 중반, 시몬 드 보부아르라는 유명한 프랑스 철학자가 이렇게 말했어.

"여성은 태어나는 것이 아니라 만들어지는 것이다."

이게 무슨 말인지 알겠니? 흔히 여자의 특징이라고 하는 '얌전하다, 다소곳하다, 꼼꼼하다, 섬세하다, 상냥하다, 의존적이다' 같은 모습은 타고나는 게 아니라 자라면서 사회가 요구하는 모습으로 만들어진다는 뜻이야.

시몬 드 보부아르의 말은 여자뿐 아니라 남자한테도 똑같이 해당돼. 남자라고 해서 태어날 때부터 모두 용감하고 씩씩하지는 않겠지? 그때는 그저 조그마한 아이일 뿐이니까 말이야. 그런데도 많은 사람이 남자아이에게는 '남자니까 울면 안 된다, 씩씩해야 한다, 용감해야 한다, 적극적이어야 한다'고 말하지.

이제껏 이런 말을 계속 들어 왔다면 오늘부터 싹 잊어 보면 어떨까? 남들이 뭐라든 우리 스스로 성별에 대한 고정 관념을 바꾸려고 노력해 보는 거야.

더 알아보기

남녀를 바라보는 눈, 언제 어디서나 똑같을까?

까마득한 옛날에도 남자와 여자를 바라보는 눈이 지금과 같았을까? 세계 어디서나 남자와 여자의 역할이 다 똑같을까? 그런 고정 관념을 확 깨 줄 이야기가 있는데, 어디 한번 들어 볼래?

남자가 뜨개질을 하는 나라

남아메리카에 있는 페루와 볼리비아의 국경에는 '티티카카호'라는 큰 호수가 있어. 세계에서 가장 높은 곳에 있는 호수로 유명한데, 오래된 문명 발상지 중 하나이기도 하지. 이 호수 한가운데에는 '타킬레섬'이라는 곳이 있는데 이 섬에서는 남자들이 뜨개질을 한다고 해.

우리나라에서 보통 뜨개질은 여자가 하는 일이라고 생각하잖아? 그런데 타킬레섬에서는 남자가 뜨개질을 하는 게 당연할 뿐더러 뜨개질을 잘하는 사람이 최고의 신랑감이기도 해. 남자는 청혼할 때 직접 뜨개질한 모자를 가지고 가서 여자 가족에게 결혼 승낙을 받아야 한대. 모자에 물을 담은 다음, 그 안에 물이 많이 남으면 합격!

천 년 전이 지금보다 평등했다고?

먼 옛날 고려 시대에는 가족 내에서 여자의 권리와 남자의 권리가 크게 다르지 않았다고 해. 예를 들어 딸이든 아들이든 재산 상속권에 있어서 똑같은 권리를 가졌어. 똑같이 나눠 받은 재산을 마음대로 처리할 수도 있었지. 제사는 아들과 딸이 번갈아 지내고, 아들이 없어도 양자를 들이지 않았어.
어쩌면 지금 네가 살고 있는 대한민국보다 고려가 더 성 역할 고정 관념에서 벗어나 있는 것처럼 느껴지지 않니?

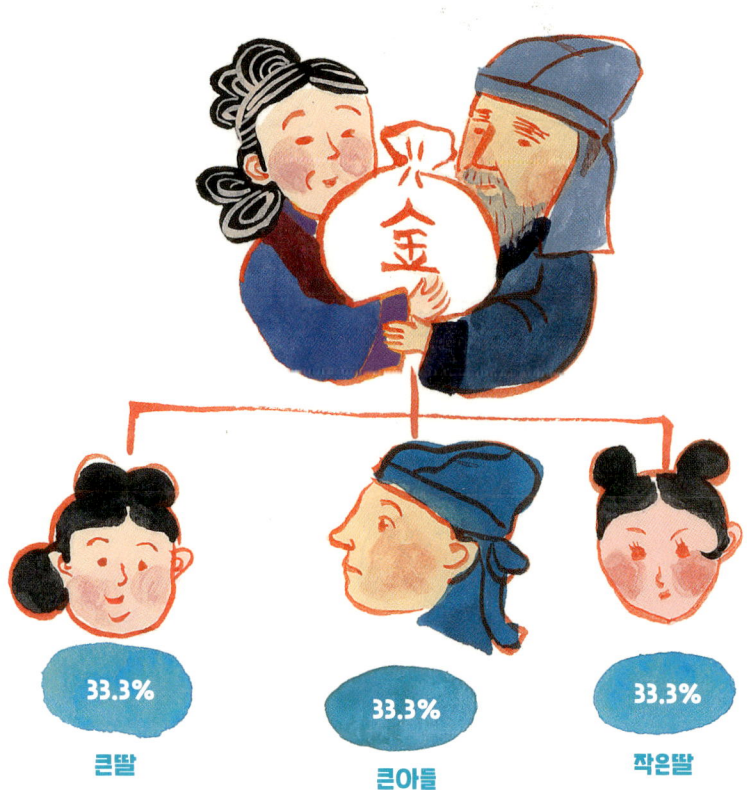

★ 알쏭달쏭 낱말 사전

에이다 러브레이스(1815~1852년)

영국의 수학자이자 '세계 최초의 프로그래머'로 알려져 있어요. 뛰어난 과학적 지식과 능력으로 컴퓨터가 나타날 수 있는 발판을 마련한 사람이지요. 현대 컴퓨터 언어의 기초가 되는 개념을 맨 처음 개발했고, 미래의 컴퓨터가 할 수 있는 일을 예측하기까지 했어요. 그의 업적은 한동안 잊혔다가 20세기에 '컴퓨터의 아버지'라고도 불리는 앨런 튜링 등에 의해 재평가되어 다시 주목받기 시작했어요. 1975년, 미국 국방부가 만든 컴퓨터 언어에 '에이다'란 이름이 붙기도 하였지요.

'에이다 프로그래밍 언어'는 에이다 러브레이스의 이름에서 따온 프로그래밍 언어예요.

성 역할 고정 관념

남녀의 차이나 성 역할에 대하여 특정 사회나 문화가 가지고 있는 사고방식이나 신념을 말해요. '남자는 ~해야 한다.', '여자는 ~해야 한다.'라는 고정된 기준을 갖는 것을 의미하지요. 이런 고정 관념의 문제점은 성에 대한 태도와 행동, 개인의 정신 건강 등에 영향을 미칠 수 있다는 거예요. 또 성 역할 고정 관념 때문에 개인의 잠재력이나 역량을 발휘할 수 없는 상황이 만들어지기도 하지요.

성차별

성차별이란 성이 다르다는 이유로 차별하는 것을 말해요. 예를 들어 '여자는 축구를 하면 안 된다.', '남자는 울면 안 된다.' 등이 있지요. 많은 나라에서 성별을 비롯해서 장애, 나이, 인종 등을 이유로 차별을 받지 않도록 '차별 금지법'을 시행하고 있어요. 우리나라도 다양한 논의를 통해 차별 금지법을 만들기 위해 노력하고 있지요.

시몬 드 보부아르(1908~1986년)

프랑스의 작가이자 철학자로, 1949년에 현대 여성주의의 주춧돌이 된 책인 『제2의 성』을 써서 발표했어요. 역사에서 여성은 남성 다음인 제2의 성으로 차별받으며 살아왔고, 그래서 남성다운 것은 긍정적으로, 여성다운 것은 부정적으로 생각되어 왔다고 했어요. 보부아르는 여성도 남성과 마찬가지로 스스로 선택할 능력이 있고, 따라서 여성도 자기의 뜻대로 살아가야 한다고 주장했지요.

 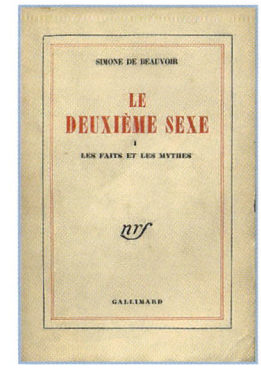

왼쪽은 20세기 여성 운동에 큰 영향을 끼친 시몬 드 보부아르, 오른쪽은 그의 책 『제2의 성』이에요.

⭐ 도전! 퀴즈 왕

다음 내용을 잘 읽고 맞으면 ○, 틀리면 ✕를 표시하세요.

1. 잘못된 성 역할 고정 관념이나 성차별이 남아 있으면, 스스로 선택할 수 없는 성별 때문에 불평등한 대접을 받을 수도 있어요. (   )

2. 여자는 아름답고 우아한 일에 어울리고, 남자는 활동적인 일에 어울려요. (   )

3. 집안일은 엄마의 몫이에요. 엄마 아빠 두 분 모두 밖에서 일해도, 집안일은 엄마가 해야 하지요. (   )

4. 흔히 여자의 특징이라고 하는 '얌전하다, 꼼꼼하다, 상냥하다' 같은 모습은 타고나는 게 아니라 자라면서 사회의 요구에 따라 만들어져요. (   )

5. 옛날 고려 시대에는 딸도 재산 상속권에 있어서 아들과 똑같은 권리를 가졌어요. (   )

정답 1. ○ 2. ✕ 3. ✕ 4. ○ 5. ○

③ 고정 관념은 이렇게나 위험해

역사 속의 성차별

이 용감한 여자가 마녀라고?

성 역할 고정 관념이 성차별로 이어지면 위험하다고 했던 것, 기억해? 성차별의 예는 역사 속에서 숱하게 찾아볼 수 있어.

'잔 다르크' 알지? 왜 요즘에도 용감하고 씩씩한 여자, 어려운 일을 앞장서서 하는 여자를 보고 '잔 다르크 같다.'고 하잖아.

15세기에 프랑스는 영국과의 오랜 전쟁으로 나라 꼴이 말이 아니었어. 이때 잔 다르크가 용감하게 앞장서 병사를 이끌었고, 프랑스에 기적적인 승리를 안겨 줬지.

하지만 불행히도 여기가 이야기의 끝이 아니야. 승리의 주역인 잔 다르크가 영국군에 붙잡힌 거야. 프랑스의 왕은 잔 다르크 덕분에 왕위에 올랐지만 잔 다르크의 인기를 질투한 나머지 그를 돕지 않았어. 결국 잔 다르크는 마녀라는 누명을 쓴 채 화형을 당하고 말았지. 그런데 글쎄, 남장을 하고 전투에 앞장섰다는 사실이 마녀라는 증거로 채택됐다지 뭐야?

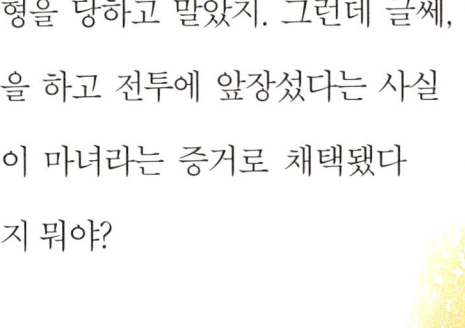

남자가 모든 일의 중심이었던 그 시대에는 눈에 띄게 뛰어난 여자에게 '마녀'라는 누명을 씌우는 일이 많았어. 몇몇 남자들은 그런 여자들이 자신들의 지위를 위협한다고 생각했거든.
　또 사회가 혼란에 빠질 때마다 여자들을 희생양으로 삼아 죄를 뒤집어씌우는 일도 흔했어. 성차별이 얼마나 무서운 일인지 알 것 같니?

여자가 전쟁을 승리로 이끌었다고? 마녀가 분명해!

여자는 보호받아야 할 존재가 아니야!

성차별의 또 다른 예를 들어 볼게. 중세 시대 유럽에서는 여자들의 지위가 매우 낮았어. 그때는 여자를 남자보다 뒤처지는 존재, 사악한 존재로 보았대. 또 아무리 나이를 먹어도 여자는 늘 남자의 보호를 받아야 했지. 어려서는 아버지의 보호를, 결혼해서는 남편의 보호를, 남편이 죽으면 아들의 보호를 받아야 한다고 생각했다는 거야.

우리나라의 조선 시대에도 비슷한 생각이 있었어. 그런 생각이 들어 있는 게 바로 여자가 따라야 할 세 가지 도리인 **삼종지도**야. 여자는 시집가기 전에는 아버지의 뜻을 따르고, 시집가서는 남편의 뜻을 따르고, 남편이 죽으면 아들의 뜻을 따라야 한다고 가르쳤다지?

조선 시대의 여자는 시나 글을 쓰는 능력이 아무리 뛰어나도 남자처럼 인정받지 못했어. 또 공부를 하고 싶어도 남자와 똑같은 교육을 받을 수 없었어. 남자는 『공자』나 『논어』를 읽으며 과거에 급제하기 위한 공부를 했지만, 여자는 집안을 돌보는 일에 힘쓰라는 내용이 담긴 책만 읽어야 했지.

남자든 여자든 함께 학교에 다니고 함께 노는 게 당연한 요즘과 비교하면 놀라운 이야기이지.

여자의 발은 작아야 한다?

이번에는 가까운 나라 중국으로 가 볼까? 지금으로부터 천 년도 더 전에 중국에서는 **전족**이라는 전통이 시작되었어. 전족이란 여자아이의 발을 서너 살 때부터 헝겊으로 꽁꽁 동여매서, 더 이상 자라지 못하게 만드는 거야. 그때는 발이 작은 사람을 미인이라고 생각했기 때문이래. 그러다 보니 그때 여자들은 발이 휘어져 자라서 똑바로 서거나 걷기가 힘들었다고 해.

서양에서는 여자들이 오랫동안 코르셋이라는 속옷을 입었어. 허리는 잘록하게, 가슴은 풍만하게 보이기 위해서였지. 코르셋으로 얼마나 허리를 졸라맸는지 소화가 안 되는 건 물론, 숨을 제대로 못 쉬는 경우도 많았대. 심지어는 부러진 갈비뼈가 내장을 찌르는 일도 자주 일어났다니, 정말 끔찍하지 않니?

여자의 몸은 오랫동안 억압을 받아 왔어. 더 무서운 건 남들이 다하니까, 남들이 예쁘다고 하니까, 여자들 스스로 그런 억압을 달게 받기도 했다는 거야. 이렇게 성 역할 고정 관념은 다른 사람뿐 아니라, 자기 자신까지 옭아매고 괴롭힐 수 있어.

차이를 인정하지 않으면 불행해!

한 발 더 나아가 볼까? 생각해 보면 성차별에는 단순히 남자와 여자의 문제뿐만 아니라 다양한 문제가 얽히고설켜 있거든.

동성애 문제를 한번 생각해 볼까? 예전에 비하면 많이 나아졌지만, 아직도 많은 사람이 색안경을 끼고 동성애자를 바라보곤 해. 남자끼리, 여자끼리 사랑하는 모습은 종교적으로 또는 생물학적으로 받아들일 수 없는 일이라고 말이야.

하지만 내 눈에 이상하고 어색하다는 이유로 '난 그런 사람 싫어!' 혹은 '난 동성애를 인정할 수 없어!'라고 말하는 것이 옳을까?

세상은 흑과 백, 남과 여, 선과 악, 옳고 그름처럼 정확하게 반으로 나뉘지 않아. 사람의 생각과 취향은 생김새만큼이나 다양해. 그래서 세상이 재미있고 다채로운 것이기도 하고.

우리 주변이 흑과 백의 창백한 풍경이 아니라 무지갯빛으로 빛나는 건 이렇게 다양한 모양새로 살아가는 사람들 덕분이야.

> **더 알아보기**

여성의 삶을 변화시킨 사건들

과거에 여성은 제대로 교육을 받을 수 없었고, 자신의 주장을 마음대로 펼칠 수도 없었어. 세상을 움직이는 건 남성이었고, 여성에게는 남성을 돕는 역할만 주어졌지. 하지만 여성 역시 남성과 똑같은 사람이고 똑같은 권리를 가질 자격이 있어. 여성의 삶을 변화시킨 대표적인 사건들을 한번 살펴볼까?

여성 참정권 운동

예전에는 대표자를 투표로 정하거나 후보자가 될 권리가 여성에게는 없었어. 그러니까 정치에 참여할 권리, 즉 참정권이 전혀 없었던 거야.
여성은 참정권을 얻기 위해 정말 많은 노력을 기울였어. 프랑스 혁명이 일어난 1789년에 프랑스의 여성들은 정치에서 성별과 상관없이 동일한 권리가 주어져야 한다고 주장했어. 하지만 "여성이 단두대에 오를 권리가 있다면 의회 단상에도 오를 권리가 있다."는 말을 남긴 채 죽음을 당해야 했지.
여성 참정권에 대한 이들의 주장은 영국과 미국 등으로 퍼져 나갔어. 1800년대 말부터 여성들은 단체를 만들고 시위를 벌이며 의회에 여성 참정권을 인정하는 법을 만들 것을 요구했어. 때로는 과격한 행동도 해야 했지. 1913년, 영국의 여성 참정권 운동가 에밀리 데이비슨은 여성의 정치 참여를 주장하면서 말들이 달리는 경마장 한가운데에 뛰어들었어.

현재의 여성 참정권

세계 최초로 여성 참정권을 인정한 나라는 뉴질랜드야. 1893년이었지. 유럽에서는 1906년 핀란드가 처음으로 여성 참정권을 인정했어. 핀란드는 세계 최초로 여성이 의원 후보자가 될 수 있는 권리를 인정한 나라이기도 해. 우리나라도 1948년 대한민국 헌법이 만들어지면서 여성의 참정권을 인정했어. 그럼 가장 최근에 여성의 참정권을 인정한 나라는 어디일까? 바로 사우디아라비아야. 2015년의 일이지. 이제 세계에서 여성의 참정권이 보장되지 않는 나라는 바티칸 시국뿐이야. 바티칸에서는 남자인 추기경들이 모여 교황을 뽑는 투표만 이루어지기 때문이래.

> 더 알아보기

우리나라 최초 여성 교육 기관의 탄생

조선 시대에는 성균관, 사학, 향교, 서원, 서당 등 여러 교육 기관이 있었어. 지금의 학교나 학원 같은 곳이지. 그런데 조선 시대의 교육 기관에는 남성만 들어갈 수 있었어. 여성은 어려운 글이나 학문을 배울 필요가 없다고 여겨졌거든. 조선 시대 여성은 지긋지긋한 공부를 안 해도 되니 좋았겠다고? 에이, 정말 그렇게 생각하는 건 아니겠지? 하기 싫어서 안 하는 거랑, 하고 싶어도 못 하는 건 하늘과 땅만큼 차이가 있다고.

1800년대 후반에야 조선 시대 여성도 정식으로 교육을 받을 수 있게 되었어. 1886년 미국의 여성 선교사 메리 스크랜튼이 서울 정동에 우리나라 최초의 여성 교육 기관을 세웠거든. 1887년에 고종이 그 학교에 '이화'라는 이름을 내렸고 학교 이름은 '이화 학당'이 되었어.

1886년이 되어서야 조선 시대 여자들도 공부를 할 수 있게 됐어.

호주제 폐지

'호주'는 한 집을 대표하고, 가족을 이끄는 의무를 가진 사람이라는 뜻이야. 호주제는 호주를 중심으로 가족의 출생이나 결혼, 사망 등의 변화를 기록하는 제도였어.

호주는 보통 아빠가 맡았어. 그런데 만약 아빠가 없다면? 아빠가 없으면 아들이 호주가 되고, 아들이 없으면 딸, 그다음 순서가 엄마였지. 호주제는 남자 중심의 제도였거든. 여자는 결혼하면 무조건 남자 호적에 올라야 하고, 엄마 혼자서는 아이들을 제도적으로 책임질 수도 없다니, 너무 이상하고 불공평하지 않아? 이렇게 부작용이 많은 제도인데도, 호주제를 우리가 지켜야 할 '전통'이라고 주장하는 사람들이 있었어. 그런데 사실 호주제는 일제 강점기 때 일본이 남자들을 군대에 끌고 가거나, 독립운동가를 쉽게 골라내기 위해서 들여온 제도야.

2005년 헌법 재판소는 호주제를 헌법에 어긋나는 제도라고 판단했어. "성 역할 고정 관념에 기초한 차별이자, 정당한 이유 없이 남녀를 차별하는 제도"라면서 말이지. 이어 2008년 호주제는 폐지되고 대신 가족 관계 등록 제도가 생겼어.

⭐ 알쏭달쏭 낱말 사전

마녀사냥

마법을 썼다며 사람들을 마녀로 몰아 판결하고 화형에 처했던 일을 말해요. 1300년대부터 1600년대까지 유럽과 북아메리카, 북아프리카의 여러 나라에서 벌어진 일이지요. 마녀로 몰린 사람은 대부분 여성으로, 연구 결과에 따르면 대략 20만 명에서 50만 명으로 추정해요. 이때는 기독교가 사회를 이끌었는데, 자신들의 권력을 유지하고 다른 종교를 믿는 사람들을 박해하는 수단으로 마녀사냥을 이용한 거예요.

마녀로 몰린 여성을 화형시키는 장면을 묘사한 그림이에요.

전족

어린 소녀의 발을 억지로 묶어 발이 크지 못하게 만드는 중국의 오래된 풍속으로, 900년대부터 시작되어 1912년에야 비로소 법으로 금지했어요. 세 살에서 여섯 살 무렵 여자아이의 발을 헝겊으로 동여매고 작은 신발에 고정시켜 발이 자라지 못하게 했는데, 엄지발가락부터 발뒤꿈치까지 약 10센티미터가 이상적인 크기로 여겨졌다고 해요. 전족을 하면 발이 변형될 뿐만 아니라 등이 굽고 몸이 전체적으로 약해져요.

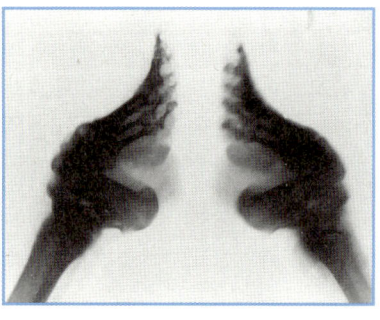

전족을 한 여성의 발을 찍은 엑스레이 사진이에요. 발이 심하게 굽어 있어요.

참정권

국민이 직접적으로 또는 간접적으로 정치에 참여할 수 있는 권리를 뜻해요. 선거에서 투표를 할 수 있는 선거권, 선거에 후보자로 나갈 수 있는 피선거권을 의미하지요. 현대 민주주의 국가에서는 참정권을 법으로 정해 놓고 있지만, 민주주의가 발전했던 고대 그리스에서조차 여성에게는 투표할 권리가 없었어요. 우리나라에서는 청소년의 참정권을 확대해야 한다는 목소리가 높아지면서 2020년에 투표에 참여할 수 있는 나이를 만 19세에서 만 18세로 낮추었어요.

사우디아라비아에서는 2015년이 되어서야 처음으로 여성이 지방 선거 투표를 하게 되었어요.

에밀리 데이비슨(1872~1913년)

옥스포드 대학에서 공부한 에밀리 데이비슨은 '여성 사회 정치 동맹'에 가입하여 여성의 참정권을 얻어 내기 위해 맹렬히 노력했어요. 그러다 1913년에 여성의 정치 참여를 주장하면서 경마장에 뛰어들었다가 말에 부딪쳐 사망하고 말았어요. 그러고도 5년이나 지난 1918년에야 영국에서 30세 이상의 여성이 투표할 수 있는 권리를 얻었고, 1928년에 마침내 모든 영국 여성들에게 남성과 같은 투표권이 주어졌어요.

에밀리 데이비슨은 여성 참정권을 얻기 위해 싸우다 죽은 첫 번째 여성이에요.

⭐ 도전! 퀴즈 왕

왼쪽에 쓰인 설명을 잘 읽고 알맞은 단어에 줄을 이어 보세요.

1. 유럽과 북아메리카, 북아프리카에서 눈에 띄게 뛰어난 여자에게 많이 씌운 누명이에요.   ● ● ① 삼종지도

2. 여자는 결혼하기 전에는 아버지를, 결혼해서는 남편을, 남편이 죽고 나서는 아들의 뜻을 따라야 한다는 말이에요.   ● ● ② 전족

3. 서양 여성들이 허리는 잘록하게, 가슴은 풍만하게 보이도록 입던 속옷이에요.   ● ● ③ 코르셋

4. 중국에서 서너 살 때부터 여자아이의 발이 자라지 못하도록 꽁꽁 동여매던 풍습이에요.   ● ● ④ 호주제

5. 호주를 중심으로 가족을 이끄는 제도로, 우리나라에는 일제 강점기 때 생겼어요.   ● ● ⑤ 마녀

정답 1-⑤ 2-① 3-③ 4-② 5-④

④

남자와 여자는
다르지만 평등해

성 평등을 위하여

아들딸 구별하지 말자!

 옛날이야기 하나 해 줄게. 호랑이 담배 피우던 시절은 아니고, 몇십 년 전쯤 이야기야. 그때만 해도 우리나라 사람들은 남자아이를 꼭 낳아야 한다고 생각했어. 그래야 집안의 대가 이어진다고 믿었고, 나이 든 부모를 모시면서 제사를 지낼 아들이 있어야만 한다고 생각했지. 딸은 시집가면 다른 집 사람이 된다고 여겼거든.

 이걸 **남아 선호 사상**이라고 해. 여자아이보다 남자아이를 더 낳고 싶어 한다는 뜻이야. 남아 선호 사상이 어찌나 심했는지 한때는 이런 표어까지 등장했지. "아들딸 구별 말고 둘만 낳아 잘 기르자."

이게 무슨 뜻일까? 몇십 년 전엔 아이를 여러 명 낳는 집이 많았어. 즉 이 표어는 '아이를 너무 많이 낳지 말자.', '아들을 낳으려고 무리하지 말자.'는 뜻이야.

그때는 엄마들이 딸만 내리 낳으면 집안의 눈치를 많이 봤어. 때문에 딸을 두세 명 낳고도 기어이 아들을 낳으려는 집이 흔했지.

그렇게 얻은 아들은 금이야 옥이야 귀하게 여겼고, 그중에서도 장남은 최고로 대접했어. 딸은 아들에게 모든 걸 양보하며 자라야 했고 말이야.

다행히도 지금은 남아 선호 사상이 많이 사라졌어. 오히려 딸을 바라는 사람도 많아졌지.

왜 똑같이 일하는데 적게 버나요?

불과 몇십 년 전까지만 해도 우리나라에서 여자는 "여자가 무슨 공부냐.", "집안일 잘 배워서 시집 잘 가는 게 최고다." 같은 말을 들으며 자랐어. 그러다 보니 여자들은 자기가 하고 싶은 것을 제대로 말하기가 어려웠지.

일하는 여자들이 흔치 않다 보니 '여류 작가, 여기자, 여의사' 처럼 특정 직업을 가진 여자를 특이하게 보는 시선이 담긴 단어가 생겨나기도 했어. 어떤 직업은 남자에게 더 잘 어울린다는 고정 관념이 들어가 있는 거지. 이런 단어는 아직까지도 남아 있어.

게다가 같은 일을 하고도 여자는 남자와는 다른 대우를 받고 있어. 2020년 고용 노동부가 발표한 통계를 보면 여성이 받는 월급은 남성의 약 67.7퍼센트 정도라고 해. 또 통계청에 따르면 2020년 기준 남성의 고용률은 약 75퍼센트, 여성의 고용률은 약 57퍼센트지.

이걸 딱 잘라서 성차별 때문이라고 말하기는 어렵지만, 성 평등까지 갈 길이 먼 건 사실이야.

하지만 많은 사람이 그것이 불평등하다고 생각하면, 천천히라도 분명하게 바뀌기 시작할 거야. 그 시작을 우리가 함께해 보면 어떨까?

육아하는 아빠, 출근하는 엄마

남자와 여자가 평등하게 교육을 받게 되면서 여자도 사회생활을 하는 것이 당연해졌어. 그런데 여자가 결혼을 하고 아이를 낳는 순간, 문제가 조금 복잡해져. 아직까지 많은 사람이 아이 키우는 걸 여자의 몫이라고 생각해서 아이를 낳은 뒤에는 직장에 다니기가 어렵기 때문이지.

그래서 아이를 낳은 부부에게 법적으로 일 년간 회사를 쉴 수 있게 하는 제도를 만들었어. 그걸 **육아 휴직**이라고 해. 그런데 딱 일 년이 지나면 아이가 혼자 생활할 수 있을까?

아이 돌보는 걸 도와주는 사람이 없거나, 아이와의 생활을 중요하게 생각하는 엄마는 회사

여자들을 뽑기는 좀….

XX 기업

를 그만둘 수밖에 없어. 더 큰 문제는 아이가 어느 정도 크고 나서 다시 일을 하고 싶어도 그러기가 쉽지 않다는 거야. 오랫동안 일을 쉰 사람을 받아 주는 회사는 많지 않거든. 더구나 아이를 가지면 회사를 그만둘 거라 생각해서 처음부터 여자를 뽑는 것을 꺼리는 회사도 있지.

그런데 혹시 알고 있니? 남자도 육아 휴직을 쓸 수 있어. 아이를 돌보기 위해 회사를 쉬는 아빠들이 점점 늘고 있지. 남자와 여자가 진정으로 평등한 세상이 오면 아빠가 아이를 키우는 모습도 당연하고 자연스럽게 여겨지시 않을까?

생각과 제도를 함께 바꿔야 해!

성 역할에 대한 사람들의 생각이 점점 변하면 언젠가는 진정한 성 평등을 이루는 날이 올지도 몰라. 생각을 바꾸는 것이 평등을 이루는 데 가장 중요하니까 말이야.

그런데 사회에 가장 큰 영향을 끼치는 것이 뭐라고 했지? 맞았어! 바로 제도와 종교야. 특히 제도는 우리의 사소한 생활에도 영향을 주기 때문에 잘 알아 두고 좋은 방향으로 변화하도록 노력해야 해.

각 나라들은 성 평등을 위한 여러 가지 제도를 만들어 시행하고 있어. 우리나라에는 남자나 여자나 차별받지 않고 직장을 구하고, 동등한 대우를 받고, 모성을 보호해야 한다는 '남녀 고용 평등과 일·가정 양립 지원에 관한 법률'이 있어. 또 유럽 국가에서는 기업이나 공공 기관에서 일정 비율 이상의 여성 임원을 뽑도록 하는 '여성 임원 할당제' 같은 제도를 시행하고 있지. 우리나라도 2020년에 관련 개정안이 시행되어서 일정 규모 이상의 기업이라면 2022년 8월부터 이사회에 여성 이사를 한 명

이상 두어야 해. 이제 막 걸음마를 떼었다고나 할까?

　생각의 변화가 제도를 만들어 내고, 다시 이 제도가 성 평등을 앞당겨. 너도 지금부터 주변에 어떤 고정 관념이 도사리고 있는지 잘 살펴보고, 무엇을 고쳐야 할지 생각해 보면 어떨까? 그리고 성별에 따른 불평등을 없애 나가자고 당당하게 목소리를 내는 거야.

차이를 인정할 때 평등해져!

 이제 성 역할 고정 관념을 없애고 성 평등으로 나아가야 한다는 건 확실히 알았을 거야. 그런데 **평등**이라고 다 똑같은 평등은 아니라는 걸 알아야 해. 그게 무슨 소리냐고?

 평등에는 **절대적 평등**이랑 **상대적 평등**이 있어. 절대적 평등이란 남자와 여자, 어린이와 어른, 또는 피부색에 상관없이 모든 사람을 무조건 똑같이 대하라는 말이야.

 상대적 평등은 절대적 평등과 좀 달라. 개개인의 차이를 인정하고, 그에 따라 약자를 배려하라는 말이거든. 응? 이게 무슨 말이냐고? 에헴, 이제부터 설명할 테니 잘 들어 봐.

아이인 네가 어른이랑 달리기 시합을 한다고 생각해 봐. 네가 이길 확률은 얼마나 될까? 아마 거의 없을 거야. 그런데도 평등하게 같은 거리를 달렸으니까 어른이 이겼다고 하면 기분이 어떻겠니? 아마 넌 억울해서 발을 동동 구르겠지.

차이가 나는 것에 똑같은 법칙을 적용하면 그 게임은 시작할 때부터 이미 불평등해지고 말아. 그래서 상대적 평등이 필요한 거야. 이를테면 100미터 달리기 시합에서 아이인 너는 30미터 앞에서 출발을 하는 거지. 그래야 공정한 경기가 되지 않을까?

남녀 사이의 평능도 마찬가지야. 여자가 아이를 낳았다고 사회에서 불이익을 받지 않게 하는 것, 아이를 키울 시간을 충분히 준 후에 다시 사회에서 활약할 기회를 보장하는 것, 그럴 수 있도록 배려하는 것이 진정한 평등이란다.

> **더 알아보기**

 평등도 잴 수 있나요?

평등이라는 건 책상이나 가방처럼 눈에 보이는 것이 아니기 때문에 측정하기가 무척 어려워. 하지만 몇몇 단체에서 다양한 기준으로 평등을 평가해서 숫자로 표시해 놓았어. 우리나라는 얼마나 남녀가 평등한지 한번 살펴볼까?

유리 천장 지수(Glass-ceiling Index)

유리 천장 지수는 영국 시사 주간지 《이코노미스트》에서 발표하는 수치야. 교육, 경제 활동 참여, 임금, 임원 승진 등에 대한 남녀 차이를 OECD 통계 등을 바탕으로 점수 매기지. 2021년까지 한국은 9년째 OECD 29개 회원국 중 꼴찌를 했어. 점수가 낮을수록 여성 차별이 심각하다는 뜻인데 한국은 100점 만점에 24.8점을 받았어. 회원국 평균이 약 60점인데 절반에도 미치지 못하는 점수야. 스웨덴이 84점으로 1등을 했고, 아이슬란드와 핀란드가 각각 2, 3등을 차지했어. 한국은 2021년에 열 개의 성차별 항목 중 두 개 부문에서 꼴찌를 기록했대. 우선 여성 임금이 남성과 비교했을 때 약 32.5퍼센트나 적었고, 여성 기업 이사의 비율도 4.9퍼센트에 불과했어. 여성 관리자 비율도 15.4퍼센트로 최하위권 수준이야.

성 격차 지수
(GGI : Gender Gap Index)

세계 경제 포럼에서 발표하는 수치야. 남성과 여성의 경제 참여와 기회, 교육적 성취, 정치 권한, 건강과 생존 등 네 가지 기준에서 평가하지. 우리나라는 2021년에도 153개국 가운데 102위에 그쳤어.

성 불평등 지수
(GII : Gender Inequality Index)

국제 연합(유엔)이 2010년부터 개발해 발표하고 있는 지수야. 사회에서 여성의 권한과 노동 및 사회 참여 등이 법이나 제도로 잘 보장되고 있는지를 조사해서 만들어져. 성 불평등 지수는 0부터 1까지로 나타내는데, 0에 가까울수록 평등을 의미하고, 1에 가까울수록 불평등을 의미해. 우리나라는 2011년 0.058점으로 189개국 가운데 20위를 했어.

우리나라는 남녀가 얼마나 평등할까?

성 격차 지수에서는 하위권이던 우리나라의 순위가 성 불평등 지수에선 왜 이렇게 높아졌냐고? 그건 각 지수를 정하는 기준이 다르기 때문이야. 성 불평등 지수는 기본적인 보건과 교육의 기회가 모두에게 평등하게 주어지는지에 초점을 맞춰. 반면 성 격차 지수는 그 외에도 여성의 일자리 질, 남성과의 임금 차이 등을 중요하게 평가하지. 성 불평등 지수에서는 좋은 평가를 받았지만 성 격차 지수 평가가 좋지 않다는 건, 우리나라가 의료나 교육 측면에서는 어느 정도 평등을 이루었지만 여성의 정치·경제적 권한은 아직 많이 부족하다는 뜻이야.

⭐ 알쏭달쏭 낱말 사전

남아 선호 사상

남아 선호 사상은 아들 낳는 것을 더 선호하는 생각으로, 유교가 지배하는 사회에 널리 퍼져 있었어요. 우리나라의 전통적인 가족 제도는 아들을 낳아 대를 잇는 형태로, 아들은 결혼해도 부모와 함께 살고 제사를 물려받았으며, 재산 상속에 있어서도 특별한 대우를 받았어요. 따라서 당시 여성들에게 아들을 낳는 일은 아주 중요한 숙제였고, 아들을 낳지 못하면 쫓겨나기도 했지요.

남아 선호 사상의 영향으로 코나 배를 만지면 아들을 낳을 수 있다는 불상인 '득남불'이 만들어지기도 했어요.

성 평등

성 평등은 성별에 따라 차별받지 않고, 능력에 따라 같은 기회를 얻고 같은 권리를 누리는 것을 뜻해요. 성 평등을 이루기 위해 꾸준히 노력한 결과, 성차별은 많이 사라졌지만 일상에서 아무렇지 않게 쓰는 말 속에 차별은 여전히 남아 있어요. 남편을 따라 죽지 않은 사람이라는 뜻인 '미망인', 첫 작품이라는 뜻을 가진 '처녀작' 같은 단어도 성차별적인 생각이 담긴 말이에요.

성 평등은 두 성별, 즉 여성과 남성에만 국한되지 않고, 성 소수자들에게도 뜻이 통한다는 점에서 양성 평등과는 구별되어요.

육아 휴직

자녀를 키우기 위해 일정 기간 일을 쉴 수 있도록 보장해 주는 제도예요. 우리나라 법에는 1년 이내로 규정되어 있으며, 만 8세 이하 또는 초등학교 2학년 이하의 아이를 가진 노동자가 6개월 이상 근무한 회사에 신청해서 쓸 수 있어요. 회사는 육아 휴직을 받아들여야 하고, 이로 인한 불이익을 주거나 해고를 해서는 안 돼요.

남성 노동자도 육아 휴직을 쓸 수 있는데, 2020년 전체 육아 휴직자 가운데 남성은 27.4퍼센트로 해마다 늘어나고 있어요.

국제 연합(유엔)

1945년 제2차 세계 대전이 끝난 뒤 세계 평화 유지, 전쟁 예방, 국제 협력 활동 등을 위해 세운 국제기구로 유엔(UN)이라고도 해요. 미국 뉴욕에 본부를 두고 있으며, 총회·안전 보장 이사회·경제 사회 이사회 등 여섯 개의 주요 기구와 보조 기구, 전문 기구가 있지요. 국제 연합은 국가와 국가가 사이좋게 지낼 수 있도록 중간에서 도와주는 역할을 수행하며, 인권과 자유를 존중하는 데 앞장서고 있어요. 성 평등 관련 통계들 또한 꾸준히 발표하면서 더 나은 사회를 위해 노력하고 있지요.

전 세계의 모든 국가와 민족을 아우르는 국제기구인 국제 연합은 전쟁을 막고 국제 질서를 유지해요.

⭐ 도전! 퀴즈 왕

다음 설명 중 바른 것을 모두 고르세요.

❶ '남아 선호 사상'은 여자아이보다 남자아이를 더 낳고 싶어 한다는 뜻이에요.

❷ 요즘에도 사람들은 여자에게 "집안일 잘 배워서 시집이나 잘 가는 게 최고다."라는 말을 아무렇지도 않게 하고, 교육도 잘 시키지 않아요.

❸ 우리나라는 아직도 남자가 여자보다 월급을 더 많이 받는 경우가 많아요.

❹ 아무리 좋은 제도를 만들어도 성 평등을 이루지 못해요. 사람들의 생각은 전혀 바뀌지 않거든요.

❺ 남자와 여자, 어린이와 어른, 피부색에 상관없이 모든 사람을 무조건 똑같이 대하는 '절대적 평등'이 진짜 평등이에요.

정답: ❶, ❸

⑤
나는 나다운 사람이 될 거야!

바람직한 정체성 만들기

깎아내려서 좋아질 게 뭐야?

 성 평등을 위한 노력이 계속되고 있지만 우리 주위엔 아직까지도 차별의 어두운 그림자가 곳곳에 남아 있어. 서로 아끼고 힘을 합쳐도 모자랄 판에, 단지 성별이 다르다는 이유만으로 미워하고 무시하고 심지어 폭력을 쓰는 부정적인 사회 분위기도 있는 게 사실이거든. 이렇게 여성을 병적으로 싫어하는 것을 여성 혐오라고 해.

물론 남자를 비하하는 표현도 있어. 누가 더 나쁘다, 누가 먼저 혐오를 부추겼다는 이야기를 하려는 게 아니야. 남자나 여자나 똑같은 사람이고, 서로를 욕하고 비난해서 얻을 건 없다는 걸 알아야 해. 그런데 이런 자극적인 표현과 생각이 에스엔에스(SNS)나 언론에 자꾸 등장하면서, 문제라는 생각도 못하고 자연스럽게 사용하는 친구도 많은 것 같아. 이제부터라도 그런 표현을 쓰지 말고, 혹시 그런 말을 하는 친구가 있다면 타일러 보면 어떨까? '그런 말을 해서 좋아질 건 하나도 없어! 그럴수록 우리가 사는 세상이 더 나빠질 뿐이야.'라고 말이야.

라이벌이 아니라 함께 살아가야 할 짝꿍

지금은 학교에 각자 책상이 따로 있지만 옛날에는 짝꿍과 한 책상을 같이 썼어. 잘 상상이 안 되지? 그때는 책상 가운데에 딱 금을 그어 놓고 아무것도 넘어오지 못하게 하는 짝꿍을 만나기도 했어. 팔꿈치라도 넘어오면 마구 화를 냈지. 또 지우개 같은 게 금을 넘어오면 넘어온 만큼 자르기도 했고. 무시무시하지?

그런데 책상의 금을 두고 싸우던 아이들처럼 남자와 여자가 이쪽저쪽으로 나뉘어 싸우는 경우가 많아. 사실은 싸워야 할 상대가 아니라 함께 사회를 이끌어 가야 할 짝꿍인데 말이야.

남자와 여자는 서로 협력하고 조화를 이룰 때 훨씬 아름답고 행복해. 엄마 아빠가 다투고 싸우기보다 함께 나아갈 방향을 생각하고 힘을 합칠 때 행복한 가정을 이룰 수 있겠지?

또 남자와 여자가 이중창을 부를 때는 어때? 남자의 음역은 낮고 여자의 음역은 높기 때문에 서로 화음을 맞춰서 부르는 노래를 들으면 정말 환상적이지. 이런 걸 하모니라고 하지, 아마?

발레는 또 어때? 발레리나와 발레리노가 함께 춤추며 감정을 표현하는 모습을 보면 정말 눈물이 날 정도로 멋지지 않니?

서로의 단점을 헐뜯기보다 상대방의 장점을 배우려 하고 모자란 부분은 채워 주려는 마음, 그게 우리가 가져야 할 마음가짐 아닐까?

'남자답다, 여자답다'에 갇힐 필요는 없어!

과거에는 남성성과 여성성을 철저히 구분했어. 남자는 반드시 이래야 하고, 여자는 꼭 저래야 한다는 게 있었지. 그렇지만 지금은 '왜 꼭 그래야 해?'라는 분위기가 만들어지고 있어. '여자답다', '남자답다'는 틀에 갇힐 필요가 없다는 거야. 남성과 여성의 특성을 동시에 가지는 것을 뭐라고 하게? 1장에서 이야기했었는데 혹시 기억해? 맞아! 양성성이야.

몇십 년 전까지만 해도 여자는 아이 잘 낳고 살림을 잘해야, 조심성 있고 얌전해야 최고라고들 했어. 하지만 지금은 어때? 자신의 의견을 똑 부러지게 말하고, 원하는 것을 얻기 위해 열심히 노력하라고 가르치잖아? 또 예전에는 몸매에 안 좋다며 근육이 생기는 운동을 멀리하곤 했지만 이제는 그런 운동을 하는 여자도 무척 많아졌어.

남자는 하나도 안 변했냐고? 아니, 남자도 변했지. 예전에는 자신을 꾸미는 남자들이 많지 않았지만, 요즘은 남자도 패션에 관심이 많고 화장을 하기도 해. 또 예전에는 감정을 숨겨야 한다고 했지만, 지금은 자신의 감정을 솔직하게 표현하는 남자들이 늘어나고 있어.

성별에 갇혀 움츠러들지 않고, 누가 뭐라든 자기 자신을 자유롭게 드러내는 건 언제나 멋진 일이야.

내가 내가 되는 꿈

다른 사람의 시선 때문에, 다들 그렇게 하니까, 그게 자연스러워 보이니까, 엄마나 아빠가 그걸 원하니까……. 이런 마음가짐이 꼭 나쁜 것만은 아니야. 하지만 그것 때문에 고정 관념이 더욱 단단해지는 건지도 몰라.

먼저 내가 하려는 것이 정말 옳은지 항상 의심해 봐. 그리고 그게 진짜 내가 원하는 것인지 찬찬히 생각해 봐야 해. 그래야 성 역할 고정 관념에서 벗어나 진정한 자신을 만날 수 있거든.

한마디로 남자든 여자든 자기 자신을 있는 그대로 드러내는 걸 부끄럽게 여기지 않는 마음이 중요해. 남들이 이상하다고 해도, 자신을 속이는 것보다는 낫지 않겠어?

이제 '남자다운 남자가 될 거야.', '여자다운 여자가 될 거야.'라는 말 대신 '나는 나다운 사람이 될 거야.', '나는 온전한 내가 되는 것이 꿈이야.' 하고 말해 보면 어떨까?

모든 사람은 행복할 권리가 있어!

모든 사람은 행복할 권리가 있어. 좀 어려운 말로 **행복 추구권**이라고 해. '누구나 자신의 행복을 추구하며 살 수 있다.'는 뜻이야.

행복 추구권은 헌법에도 떡하니 쓰여 있어. "모든 국민은 인간으로서 존엄과 가치를 가지며, 행복을 추구할 권리가 있다." 라고 말이지.

그렇다고 착각하면 곤란해. 행복 추구권은 모든 것을 내 마음대로 할 수 있는 권리가 아니야. 나의 행복을 위해 다른 사람의 행복에 해를 끼쳐서는 안 돼. 내가 행복할 권리가 있듯이 다른 사람의 행복도 존중하는 것이 행복 추구권의 기본이니까.

내가 자유롭고 행복하게 인생을 살아갈 권리가 있듯, 다른 사람도 마찬가지야. 그 사람의 성별이나 취향이 어떻든지 말이야.

그러니까 남자라고 해서, 여자라고 해서 원하는 것을 못 해선 안 돼. 원치 않는 시선과 짐을 다른 사람에게 지워서도 안 되고. 이건 별 다섯 개를 그려야 할 만큼 중요한 내용이야. 꼭 기억해!

우리는 모두 행복할 권리가 있어!

> 더 알아보기

고정 관념과 편견을 깬 사람들

성 역할에 대한 고정 관념은 느리지만 조금씩 변하고 있어. 단단하게 고정된 생각을 깨뜨려 온 사람들 덕분이지. 가만히 있는데도 저절로 변화되는 건 없어. 너도 그 변화를 만드는 사람들 중 한 명이 되고 싶지 않니?

코딩의 시대를 연 여자

과학, 그중에서도 공학은 여성에게 가장 장벽이 높은 분야로 꼽을 수 있어. 그런데 혹시 그거 아니? 컴퓨터 코딩의 시대를 연 선구자가 여자라는 사실 말이야. 미국의 과학자이자 해군 제독인 그레이스 호퍼는 남자들로 가득한 컴퓨터 산업계에서 타고난 호기심과 풍부한 상상력을 발휘해 큰 성과를 거뒀어. 대표적으로 프로그램상의 결함으로 컴퓨터에 오류나 오작동이 일어나는 현상인 '버그'의 개념을 발견했지. 진취적이고 열정적으로 낡은 관습을 깨뜨리고 새로운 것을 추구한 그를 보면 여자라고 못할 건 없다는 걸 확실히 알게 될걸?

아름다움을 사랑한 남자

예전에는 아름다움을 추구하는 건 여자만의 몫이라고 생각했지만, 이제 남자도 패션을 통해 자신의 개성을 드러내고 있어. 앞장서서 패션의 세계를 이끄는 남자들도 있지. 세계에서 손꼽히는 패션 회사 샤넬의 수석 디자이너였던 칼 라거펠트는 20세기 후반 가장 영향력 있는 패션 디자이너 중 한 사람으로, 많은 사람에게 사랑을 받았어.

올림픽에 참가한 여자

고대 그리스의 올림픽은 물론, 1896년에 열린 첫 근대 올림픽에도 여자 선수들은 참가할 수 없었어. 심지어 근대 올림픽을 만든 피에르 드 쿠베르탱은 올림픽이 남자들만의 행사이길 원하며 여자는 남자 선수에게 박수를 보내는 것만으로 충분하다고 말했지.

하지만 여자들은 편견과 고정 관념에 굴복하지 않았어. 1896년 제1회 아테네 올림픽 때 멜포메네라는 여자 마라톤 선수는 남자 옷을 입고 경기에 참여했는데, 마지막 코스를 위해 경기장에 들어서는 그를 사람들이 막아서자 혼자 경기장 밖을 달려 완주했어. 또 1922년에는 올림픽 위원회의 여성 차별에 대항해 여자들만의 올림픽이 개최되기도 했지. 1991년 올림픽에 새로 생기는 종목은 남녀 부문이 모두 존재해야 한다는 규정이 생겼고, 2012년, 제30회 런던올림픽에서 처음으로 전 종목에 여성 선수가 출전했어.

맛으로 마음을 사로잡은 남자

예전 어르신들은 "남자가 부엌에 들어가면 고추가 떨어진다."면서 남자는 손에 물 한 방울도 못 묻히게 했어. 하지만 지금은 요리하는 것을 직업으로 삼으며 성공한 남자들도 많아. 특히 호텔 레스토랑 등 규모가 큰 식당을 이끄는 주방장은 주로 남자들이 맡고 있어. 텔레비전에 남자 요리사가 나와 맛있는 음식을 뚝딱 만들어 내는 것 봤지? 남녀에 대한 고정 관념이 없어질 때 우리 사회는 더욱 풍요로워져.

★ 알쏭달쏭 낱말 사전

정체성

자기 안에서 상당 기간 변하지 않고 있는 고유한 것, 또는 그런 존재 자체를 뜻하는 말이에요. 정체성은 자기만의 경험을 바탕으로 만들어지는데, 사회에서 여러 사람과 함께하면서 다른 사람과 자신을 같게 또는 다르게 여기는 과정을 반복하면서 깨닫게 되지요. 보통 신체 발달이 마무리되는 청소년기 이후에 완성되며, 민족 정체성, 성 정체성, 자아 정체성 등 다양한 정체성이 있어요.

인터넷의 발달로 오프라인과 온라인상에서의 인격이 전혀 다른 사람들이 생기면서, 정체성 문제는 점차 다각도로 연구되고 있어요.

행복 추구권

모든 사람이 인간으로서 행복을 바라고 구할 수 있다는 뜻으로 헌법으로도 보장되어 있어요. 우리나라에서는 헌법 제10조를 보면 딱 나와 있지요. 행복 추구권이란 작게 보면 고통과 불쾌감이 없는 상태를 추구할 권리를 말하고, 크게 보면 만족을 느끼는 상태를 추구할 수 있는 권리예요. 행복의 기준은 사람마다 다르기 때문에 자기가 생각하는 행복의 기준에 따라 생활하는 것도 행복 추구권에 포함되지요. 하지만 자신의 행복을 위해 다른 사람을 불쾌하거나 불편하게 만들어서는 절대 안 돼요.

모든 사람은 행복을 추구할 권리가 있어요.

양성성

남녀의 성 차이를 중요하게 여기던 전통적인 성 역할에 갇히지 않고, 남성성과 여성성 두 성의 특징을 모두 균형 있게 고루 지닌 상태를 말해요. 사람은 모두 신체적으로 남성 호르몬과 여성 호르몬을 갖고 있기 때문에 남성과 여성의 특성을 모두 지닌다는 의미이지요. 심리적으로도 남성성 또는 여성성을 모두 갖고 있는데, 이 두 가지는 서로 부딪치는 것이 아니라 개인에 따라 다양한 균형을 이루며 나타나요. 양성성을 갖고 있는 사람은 변화하는 환경에 적응하는 능력이 뛰어나고, 고정 관념으로부터 자유롭지요.

패션 디자이너인 가브리엘 샤넬이 남성들만 입던 바지를 여성들에게도 유행시키면서 양성성을 띤 디자인의 옷들이 많이 생겨났어요.

발레리노

발레를 하는 남자 무용가를 발레리노라고 불러요. 발레리노의 이야기를 다룬 대표적인 영화로는 「빌리 엘리어트」가 있어요. 탄광촌 출신의 열두 살 소년이 세상의 편견과 아버지의 반대를 무릅쓰고 발레의 꿈에 도전하는 이야기를 담은 감동적인 영화지요. 이 영화를 보면 발레리노가 어떤 사람인지 알 수 있을 뿐만 아니라, 남들이 뭐라 하든 '나답게' 살겠다는 꿈을 꾸고, 그 꿈을 향해 날갯짓하는 모습이 얼마나 아름다운지 느낄 수 있어요.

발레리노는 빠른 회전, 높은 도약으로 관객의 눈을 사로잡아요.

⭐ 도전! 퀴즈 왕

자음만 보고 알맞은 단어를 맞혀 보세요.

1. 남녀의 성 역할을 나누고 성별에 따라 차별하는 것을 ㅅㅊㅂ이라고 해요.

ㅅ ㅊ ㅂ

2. 남성성과 여성성을 철저히 구분한 전통적인 성 역할에 갇히지 않고, 남성성과 여성성 두 성의 특징을 균형 있게 고루 지닌 상태를 ㅇㅅㅅ이라고 해요.

ㅇ ㅅ ㅅ

3. 모든 사람은 행복할 권리, 즉 ㅎㅂ ㅊㄱㄱ을 가지고 있어요. 내가 행복할 권리가 있으면 다른 사람의 행복도 존중하는 것이 기본이에요.

ㅎ ㅂ ㅊ ㄱ ㄱ

4. ㅈㅊㅅ은 자기 안에서 상당 기간 변하지 않고 있는 고유한 것, 또는 그런 존재 자체를 뜻하는 말이에요. 자기만의 경험을 바탕으로 만들어지지요.

ㅈ ㅊ ㅅ

정답 1. 성차별 2. 양성성 3. 행복 추구권 4. 정체성

● 사진 제공_ 국립중앙박물관, 연합뉴스, Wikipedia

글쓴이 **신혜진**

서강 대학교에서 신문 방송학과 국어 국문학을 공부했다. 2남 1녀의 막내로 오빠들과 별 차별 없이 자랐다고 생각해 왔지만, 나중에야 딸로서 아들과는 꽤 다르게 자랐다는 걸 깨달았다. 어린이 책부터 인문, 소설에 이르기까지 다양한 책을 만들었고, 지금도 여전히 활자 속을 거닐고 있다. 지은 책으로 『사회는 쉽다 9 의사소통과 미디어』 등이 있다.

그린이 **홍지혜**

즐겁게 그린 그림은 보는 사람도 즐겁게 한다는 마음으로 그림을 그린다. 2011년 볼로냐 국제아동도서전에서 '올해의 일러스트레이터'로 선정되었다. 쓰고 그린 책으로 『빈칸』 등이 있고, 그린 책으로 『열두 달 김치 이야기』, 『장화홍련전 : 우리가 정말 가족일까?』, 『너울너울 신바닥이』, 『옛이야기 들으러 미술관 갈까?』, 『해바라기 마을의 거대 바위』 등이 있다.

11 성 역할과 성 평등
사회는 쉽다!

1판 1쇄 펴냄 2020년 5월 11일   1판 3쇄 펴냄 2021년 5월 27일
2판 1쇄 펴냄 2022년 4월 20일   2판 3쇄 펴냄 2023년 11월 22일
글 신혜진 **그림** 홍지혜
펴낸이 박상희 **편집장** 전지선 **편집** 오혜환 **디자인** 정상철, 정경아
펴낸곳 (주)비룡소 출판등록 1994. 3. 17(제16-849호)
주소 06027 서울시 강남구 도산대로1길 62 강남출판문화센터 4층
전화 02)515-2000 **팩스** 02)515-2007 **홈페이지** www.bir.co.kr
제품명 어린이용 반양장 도서 **제조자명** (주)비룡소 **제조국명** 대한민국 **사용연령** 3세 이상

© 신혜진, 홍지혜 2020. Printed in Seoul, Korea.

ISBN 978-89-491-2511-4 74300/ 978-89-491-2500-8(세트)